JAIME ESPINOSA

O SANTO SUDÁRIO

3ª edição

Conheça nossos clubes
Conheça nosso site

@ @editoraquadrante
♪ @editoraquadrante
▶ @quadranteeditora
f Quadrante

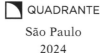

São Paulo
2024

Copyright © 1991 Quadrante Editora

Capa
Provazi Design

Dados Internacionais de Catalogação na Publicação (CIP)

Espinosa, Jaime
  O Santo Sudário / Jaime Espinosa — 3ª ed. — São Paulo: Quadrante, 2024.

  ISBN: 978-85-7465-648-9

  1. Santo Sudário 2. Paixão e morte – Jesus Cristo I. Título
                                                        CDD-232.964

Índice para catálogo sistemático:
Paixão e morte – Jesus Cristo : Cristianismo 232.964

Todos os direitos reservados a
QUADRANTE EDITORA
Rua Bernardo da Veiga, 47 - Tel.: 3873-2270
CEP 01252-020 - São Paulo - SP
www.quadrante.com.br / atendimento@quadrante.com.br

SUMÁRIO

INTRODUÇÃO E HISTÓRIA...................... 5

AS PESQUISAS CIENTÍFICAS 17

À BUSCA DA IDENTIDADE 33

POR QUE TANTO SOFRIMENTO? 69

Apêndice
  A QUESTÃO DO CARBONO-14 75

NOTAS 93

INTRODUÇÃO E HISTÓRIA

De 27 de agosto a 8 de outubro de 1978, mais de três milhões de pessoas foram até à cidade de Turim para observar e venerar uma peça de linho de 4,30 metros de comprimento por 1,10 de largura, em que se encontra estampada a figura de um corpo humano de frente e de costas.

Todos esses visitantes — uma média de 70 mil pessoas por dia — para lá se dirigiram porque se tratava da peça de pano que há vários séculos vinha sendo venerada pelos cristãos como o lençol que envolveu o corpo de Cristo ao ser sepultado perto do Monte Calvário: o chamado Sudário de Turim.

Duas circunstâncias explicavam essa afluência. Por um lado, ocorria nessas datas uma das raras exposições públicas desse lençol: as anteriores datavam de 1868 e

1898, no século passado, e de 1930 e 1933, neste século[1].

Por outro, eram bem recentes as pesquisas efetuadas nesse tecido por um grupo de cientistas americanos de renome internacional que — valendo-se dos mais requintados aparelhos, muitos deles usados na NASA — tinham chegado a conclusões que vinham projetar novas luzes em apoio dessa tradição oral.

O que é o sudário de Turim

Em sentido estrito, a palavra *sudário* designa um pequeno pano, do tamanho de um guardanapo, usado para enxugar o suor — daí o termo «sudário» —, e que servia também para manter fechada a boca de um cadáver, passando-o pelo alto da cabeça e atando as extremidades debaixo do queixo.

Por extensão, passou-se a designar com o mesmo nome uma grande peça de tecido usada em alguns lugares e épocas para envolver o defunto prestes a ser enterrado. No tempo de Jesus, tanto os romanos como os judeus sepultavam com frequência os seus mortos envolvendo-os pela frente e por trás nesse lençol fúnebre, antes de os depositar em câmaras mortuárias. Mais exatamente, o Sudário de Turim deveria, pois, ser conhecido como o Lençol de Turim.

Há muito tempo que se tinham observado nessa peça de pano diversos traços, de diferentes tons, dispostos ao longo do lençol: tinham a forma do corpo de um homem, com detalhes que permitiam identificar o rosto, os pés, as pernas, o peito, a nuca etc. Revelavam a forma de um morto depositado sobre uma superfície plana, que tivesse sido flagelado em vida. Tanto bastou para reforçar a tradição oral e conduzir à convicção de que esse lençol era o que amortalhara Jesus.

Com efeito, os textos evangélicos relatam que Jesus, depois de ter sido flagelado, coroado de espinhos e crucificado, foi envolvido, após a morte, num lençol limpo e depositado num túmulo novo que José de Arimateia havia mandado cavar para si numa rocha (Mt 27, 57-60).

Este lençol que serviu para sepultar Jesus de Nazaré e o chamado Sudário de

Turim serão realmente a mesma e única coisa? Que nos diz hoje a ciência a esse respeito, empenhada como está — e é uma das suas qualidades — em nada afirmar sem ter provas certas?

Como chegou até nós

DADOS HISTÓRICOS A PARTIR DO SÉCULO XIV

O Sudário vem sendo venerado desde 1578 na cidade de Turim, que poucos anos antes se tornara a capital dos Estados da Casa de Saboia. Foi levado para lá da cidade francesa de Chambéry, anterior capital da Casa de Saboia, onde se conservava desde 1453. A transferência para a Catedral de Turim foi motivada pelo desejo das autoridades de facilitar o cumprimento de um voto de São Carlos Borromeu, que se propusera ir a pé até Chambéry para agradecer a Deus pela graça de ter livrado da peste a cidade de Milão, de que era bispo.

Por sua vez, fora levado a Chambéry da igreja colegiada de Lirey, a cerca de 150 quilômetros de Paris, onde tinha sido exposto à veneração dos fiéis, pela primeira vez, em 1357. Estes os dados históricos absolutamente certos a respeito das origens do Sudário. Quanto ao que teria acontecido antes dessa data, entra-se no terreno das hipóteses.

Antes do século XIV

Tentando reconstruir os fatos antes de 1357, os historiadores discutem se teria sido o Conde Godofredo de Charny quem trouxe o Sudário da cidade de Esmirna, atual Izmir, na Turquia, por ocasião de uma das Cruzadas.

Sua segunda esposa chamava-se Jeanne de Vergy, e foi ela que entregou o lençol aos cônegos de Lirey, em 1356, após a morte do marido na batalha de Poitiers. Uma pequena peça de chumbo, atualmente no Museu de Cluny, anterior a 1383, mostra em relevo a dupla imagem do Sudário, da frente e das costas, e reproduz os brasões das duas Casas de Charny e Vergy.

Um documento conservado na biblioteca real de Copenhague, datado de 1204, permite-nos talvez remontar a uma data anterior à tomada de Constantinopla. Contém o relato de um cavaleiro cruzado, Robert de Clari, que diz: «Houve um mosteiro, que se chamava de Santa Maria de Blachernes, onde estava o lençol com que Nosso Senhor foi sepultado, o qual, todas as sextas-feiras, era exposto e permitia ver a figura de Nosso Senhor. Ninguém jamais, nem grego nem francês, soube o que aconteceu ao lençol quando a cidade foi tomada»[2].

Diversos historiadores expõem hipóteses sobre o itinerário do Sudário antes de Constantinopla. Uma dessas hipóteses leva-nos à chamada Mortalha de Edessa.

A Mortalha de Edessa

Num nicho situado no interior da cidade de Edessa (hoje Urfa, na Turquia), encontrou-se no ano de 525 um pano em que se dizia estar impresso o rosto de Cristo. Era conhecido como a Santa Mortalha ou Imagem de Edessa.

Alguns relatos sugerem que essa peça teria sido levada até Edessa por São Judas Tadeu ou algum outro discípulo de Cristo.

Numa das perseguições sofridas pelos cristãos no início da nossa era, teria sido preciso escondê-la num lugar seguro e, como a perseguição se prolongou, é muito provável que as pessoas conhecedoras do fato tivessem morrido e se tivesse perdido a pista da mortalha.

Ora, aproximadamente 500 anos mais tarde, quando se restaurava o muro da cidade, a relíquia foi achada. Estava bem conservada, porquanto o nicho que a escondia estava muito bem protegido da chuva, da poeira e demais agentes prejudiciais.

Nessa época, já havia muito que tinham cessado as perseguições contra os cristãos, e a figura de Cristo reproduzida na mortalha pôde ser livremente reverenciada pelos fiéis. Isto é o que pode explicar, como veremos mais adiante, a sua nítida influência na arte a partir desse século.

Em 944, a Mortalha de Edessa teria sido levada para Constantinopla, a pedido de um imperador bizantino chamado Romanus Lecapenus. Nessa capital (atual Istambul), também foi reverenciada como a verdadeira figura de Cristo. Mas raramente era exibida em público, pois, como explica um antigo hino bizantino, era considerada algo tão sagrado que não devia ficar exposta à visão dos homens.

Segundo alguns autores, a Mortalha desaparece de Constantinopla a partir do saque da cidade, efetuado em 1204 por um grupo de Cruzados provenientes da Europa ocidental. Tudo indica que esses Cruzados a levaram para o Ocidente, onde aparece em poder do Conde de Charny a partir de 1346[3].

Na opinião de outros historiadores, a Mortalha não teria sido retirada de Constantinopla no saque de 1204, mas mais tarde. Em 1345 organizou-se outra Cruzada, e dela participou o Conde de Charny, senhor de Lirey. Os Cruzados dirigiram-se à cidade de Esmirna e, depois de uma renhida batalha com os muçulmanos, em 1346, Godofredo de Charny volta para França levando consigo a relíquia. Ele próprio explicava como a havia obtido, dizendo que «era uma presa de guerra que tinha ganho combatendo contra os infiéis», segundo testemunham seus filhos e netos[4]. O Conde de Charny construiu uma igreja — a igreja colegiada de Lirey —, e nela encontramos pela primeira vez o que conhecemos por Sudário de Turim, hoje venerado na capela de Guarini da Catedral dessa cidade, dentro de um relicário de prata e esmaltes.

Seja como for, estas hipóteses inclinam a pensar que a Santa Mortalha e o Sudário de Turim são a mesma coisa, o que completaria a nossa investigação histórica: a Mortalha seria o Santo Sudário, dobrado de tal maneira que só aparece a face de Cristo. Uma experiência realizada com um fac-símile do Sudário, dobrando-o da maneira concebida pelo historiador inglês Ian Wilson, mostrou que só fica exposto o rosto da figura. Na análise de fotografias do Sudário, acharam-se sinais das dobras, coincidindo com o modelo de Wilson[5].

Uma coincidência a partir do século VII

A partir de 1930, o biólogo francês Paul Vignon, dedicando-se ao estudo científico do Sudário de Turim, interessou-se em pesquisar paralelamente como é que a face de

Cristo foi reproduzida na arte religiosa primitiva.

Comprovou que, durante os primeiros seis séculos do cristianismo, observam-se duas maneiras de representar o Senhor, tanto no Oriente como no Ocidente. Numa delas, frequente nas catacumbas de Roma, Cristo é representado jovem, de cabelo curto e sem barba. Na outra, muitas vezes nas mesmas épocas, vê-se também o rosto do Senhor com grandes cabelos e barba.

A partir do século VII, porém, a primeira modalidade desaparece completamente, para dar lugar a uma figura de cabelos longos, barba, bigode, de rosto sereno. É a imagem que todos conhecemos hoje e de que ninguém mais se afasta, seja em arte pictórica, em estatuária, no cinema ou no teatro.

Numa análise mais em pormenor, o professor Vignon e, posteriormente, Edward Wuenschel descobriram mais de quinze detalhes em que se nota uma particular coincidência entre os rasgos do rosto do Sudário e as representações do rosto de Jesus em pinturas, afrescos e mosaicos, especialmente na arte bizantina.

Este estudo iconográfico permite pensar que deve ter havido uma razão de peso para que os artistas tivessem aberto mão da sua liberdade criativa para adotar um modelo invariável. E a melhor explicação parece ser a de que, pelo menos a partir do século VII, o rosto do homem do Sudário foi conhecido e atentamente observado pelos pintores, como sendo o de Cristo segundo a tradição[6].

Mas abandonemos a pesquisa em torno dos testemunhos escritos ou artísticos para concentrar-nos agora no estudo das marcas visíveis do Sudário de Turim. Os dados revelam-se abundantes e surpreendentes.

AS PESQUISAS CIENTÍFICAS

A figura, impressa em negativo

Até 1898, o Sudário de Turim era uma relíquia pouco conhecida, cuja autenticidade despertava dúvidas na mente de muitos cristãos, incluídos sacerdotes e bispos.

Nesse ano realiza-se uma das raras exposições do lençol, e um advogado de Turim, Secondo Pia, apaixonado pela fotografia — processo descoberto em 1835 —, lembra-se de fotografá-lo.

O resultado foi surpreendente. No momento em que examinou no revelador o «negativo», viu aparecer o rosto de um homem com matizes de sombras e luzes que punham em relevo uma imagem muito mais rica em detalhes e contrastes do que a figura suave e desmaiada do próprio Sudário visto a olho nu.

Com efeito, acabava de fazer uma descoberta absolutamente inesperada, e que é única no mundo: a figura impressa no Sudário era exatamente do tipo de um negativo fotográfico. Tudo nela estava ao contrário — as partes sombreadas no negativo eram claras no tecido; as partes claras correspondiam às zonas escuras da figura no tecido. O negativo revelara-se um «positivo».

Não acontecia o mesmo com o resto do lençol; especialmente a cor do tecido, uns traços sombreados devidos a um incêndio que ocorrera em Chambéry e que deixara vestígios de chamuscaduras, e umas marcas que pareciam sangue eram do tipo corrente e exigiam uma segunda transferência fotográfica para achar a sua verdadeira cor e posição.

Numerosas fotografias tiradas posteriormente, com técnicas mais apuradas, em cores e com raios ultravioletas, apenas vieram confirmar a primeira descoberta: o decalque do homem do Sudário é do tipo exato de um negativo fotográfico; um negativo sobre tecido, muito anterior à descoberta do princípio fotográfico. Qual teria sido então a técnica seguida para estampar a figura no tecido?

Nem pintura, nem reação química

Empregaram-se todas as técnicas possíveis para apurar se a imagem do Sudário se devia a um desenho ou pintura.

Em 1977, um grupo de cientistas americanos decidiu analisar o Sudário utilizando técnicas ligadas à computação, semelhantes às que eles próprios tinham usado para estudar as imagens transmitidas da superfície de Marte pela sonda Viking em 1976. Surgiu assim o Projeto de Pesquisa do Sudário de Turim. No ano seguinte, esses cientistas davam a conhecer as suas conclusões, e todas apontavam no mesmo sentido: deve-se descartar categoricamente a hipótese de que a figura do Sudário tenha sido pintada.

Com efeito, observaram o seguinte: nenhum vestígio de tinta ou de pigmentos orgânicos ou inorgânicos; ausência total de traços que revelassem os movimentos de um lado para outro da mão do pintor: quer dizer, a figura é não-direcional; nenhum acúmulo de tinta ou de outra substância estranha em certas áreas da figura, como também aconteceria se se tratasse de uma pintura, por mais cuidadoso que fosse o artista; nenhuma fibra profunda impregnada de qualquer material colorido: a figura é superficial, como se fosse um estampado[7].

A imagem é monocromática, e os tons mais sombreados não surgem em resultado de um maior depósito de tinta ou do emprego de tonalidades cromáticas diferentes, mas unicamente do maior número de fibras superficialmente afetadas pela tonalidade cromática amarelada.

Os pesquisadores concordam atualmente em que os matizes de luzes e sombras resultam apenas de uma desidratação mais ampla ou menos ampla das fibras do tecido. Mas como se teria produzido essa desidratação variável, apenas superficial e nos lugares certos, ao ponto de dar em resultado a imagem colorida de um corpo de homem inteiro?

Como sintetizava um dos pesquisadores: «Esta imagem foi feita com nada»[8].

Os cientistas do Projeto de Pesquisa verificaram ainda que a figura não surgiu de uma reação química entre a mistura de mirra e aloés com que, segundo os Evangelhos, se tratou o corpo de Jesus antes de sepultá-lo, e os elementos que lhe cobriam a pele — sangue, soro sanguíneo, suor etc. — na hora do sepultamento, ou mais tarde, ao processarem-se os fenômenos cadavéricos correspondentes. Esta hipótese foi submetida a comprovação experimental e verificou-se ser improvável: não explicaria a riqueza de detalhes e sua precisão, e as fibras do tecido teriam ficado profundamente impregnadas das substâncias químicas resultantes dessas reações ou dos vapores delas emanados*.

(*) Em 1532, o Sudário sofreu chamuscaduras em consequência de um incêndio, ocorrido em Chambéry, que causou estragos nas bordas do tecido. Ray Rogers, um químico que trabalhava no Laboratório Nacional de Los Alamos, levantou a hipótese de que podia estar aí a causa da diferente coloração dos traços do tecido: as matérias orgânicas teriam sido queimadas ou afetadas na cor de acordo com a maior ou menor

Nenhuma das diversas teorias ensaiadas conseguiu assim explicar, sem levantar objeções insanáveis, a origem da imagem estampada. Mesmo hoje, com todos os conhecimentos que se possuem, seria impossível reproduzir ou refazer a figura.

A teoria que apresenta menos dificuldades é a de que a imagem teria sido produzida por calor ou por uma luz intensa, *procedentes do próprio cadáver*. Mas isto significa ao mesmo tempo que a causa não pode ter sido puramente natural, pois os cadáveres não emitem nem calor nem luz.

É uma figura tridimensional

Para aumentar o enigma, os cientistas descobriram que a imagem impressa no Sudário é tridimensional.

---

distância a que se encontravam das chamas. No entanto, observou-se conclusivamente que as áreas queimadas possuem um tom de cor e uma densidade idênticos às partes que se achavam à distância máxima de uma área sem cores: não havia nenhuma variação na intensidade da figura[9].

Em 1973, o francês Paul Gastineau fez uma modelagem do rosto do Sudário em relevo, baseando-se na intensidade luminosa de cada zona da imagem impressa na mortalha, e verificou com surpresa que o tecido contém o código do relevo do objeto que envolveu: o código da terceira dimensão.

Pouco depois, em 1977, dois pesquisadores da NASA, Jumper e Jackson, ajudados por um colega, Mottern, seguiam a mesma pista servindo-se de um analisador de imagens VP-8, que é hoje utilizado para determinar o relevo das ondas enviadas por objetos distantes, como os astros, e voltaram a obter numa tela de TV uma fotografia em relevo do rosto do Sudário.

O VP-8 tem um computador programado para interpretar o «mais escuro» como mais distante e o «mais claro» como mais próximo. Se nele colocarmos uma fotografia comum de um homem, a imagem sairá deformada, porque na fotografia comum não há uma correlação exata entre o grau de obscuridade e a distância. Jumper e Jackson colocaram no VP-8 uma transparência comum do Sudário e surgiu no vídeo uma imagem em três dimensões, tão diferente de um diapositivo como uma estátua é diferente de uma fotografia, analisada pelos olhos humanos: a imagem reproduzida continha uma «espessura», à diferença de qualquer reprodução fotográfica (figs. 1 e 2).

A figura não resultou de contato direto com o tecido

Segundo tudo leva a crer, a figura do corpo do homem do Sudário foi produzida enquanto o corpo estava envolvido no lençol. Como veremos a seguir, observam-se abundantes manchas de sangue que, pela sua precisão e exata localização, somente poderiam resultar de um contato direto do corpo com o tecido.

No entanto, a imagem estampada não revela nenhuma das características que acompanham necessariamente uma reprodução por contato direto.

Se envolvermos um corpo num lençol, depois de aplicar-lhe uma substância apropriada para que deixe vestígios no pano, verificaremos, ao desdobrar e estender o lençol, que a imagem nele estampada apresenta distorções e fica desproporcionada. A explicação é simples: a extensão do corpo no tecido é muito maior do que a sua projeção numa fotografia ou em nossa retina. Quando estampamos num papel as impressões digitais de um dedo, a figura que resulta é muito mais larga do que a visão ou a fotografia desse dedo. O mistério do Sudário é que, tendo o corpo estado em contato com o tecido, a figura se revela perfeitamente proporcionada e sem distorções.

Tudo se passou como se se tivesse estendido o lençol a uma certa distância do corpo, e as impressões deste tivessem sido transpostas para o tecido sem nenhuma deformação, em negativo, e dando o código das distâncias e do relevo, a tridimensionalidade.

Como explicar simultaneamente essa dupla característica: por um lado, os vestígios de sangue, por contato direto; e, por outro, os traços de todo o corpo, mas sem ser por pintura nem por contato direto de cada centímetro quadrado do corpo com o pano?

Traços de sangue

Referiu-se atrás que o Sudário apresenta abundantes traços que sugerem vestígios de sangue.

As experiências levadas a cabo neste aspecto — que se contam entre as mais recentes (1978) — levaram à conclusão de que efetivamente se tratava de sangue, e de sangue provavelmente humano[10].

Por um lado, verificou-se que os traços tinham a forma de manchas provenientes de sangue. Ao secar, uma gota de sangue toma uma forma côncava: bordas mais espessas e o centro plano. Uma gota de outro líquido torna-se inteiramente plana. Ora, os vestígios do lençol mostraram um volume do tipo côncavo.

Por outro lado, Heller e Adler, entre outros, estudaram o espectro da luz emitida pelas amostras, adotando a técnica da microespectrofotometria, que combina o espectroscópio e o microscópio. E verificaram que nas amostras analisadas se encontrava um componente importante do sangue: a hemoglobina. Investigadores como o professor

Baima-Bollone, da Universidade de Turim, chegaram a sustentar que se tratava de sangue humano, concretamente do tipo AB[11].

As manchas formaram-se em torno de traços que, como veremos, revelam feridas características. E nenhuma está «colocada» ao acaso, o que exigiria que um possível pintor fosse um gênio em medicina, muito à frente dos conhecimentos de sua época sobre a circulação sanguínea. Indicam as sevícias a que o homem do Sudário foi submetido e constituem uma das partes mais comoventes do Sudário.

Uma peça arqueológica

Uma análise de alguns fios retirados do tecido, efetuada pelo professor Gilbert Raes, do Instituto Ghent de Tecnologia Têxtil, levou à conclusão, em 1973, de que o pano do Sudário é um tecido de linho, com alguns traços de fibras de algodão do tipo *Gossypium herbaceum*, que era muito cultivado no Oriente Médio, no primeiro século da nossa era, e que não existe na Europa.

Não se encontra nenhum fio de lã, o que parece sugerir que o tecelão era judeu, já que a Lei proibia que se misturassem produtos de origem animal e de origem vegetal — neste caso, a lã e o linho (cf. Dt 22, 11).

Por outro lado, um botânico e criminologista suíço, Max Frei, dedicou-se a estudar profundamente, a partir de 1973, os pólens do tecido, que podem conservar a sua forma característica durante 3 mil ou 4 mil anos. Baseado no fato de que os pólens raramente vão além de um quilômetro da planta que os originou, pôde dar uma indicação valiosa sobre as regiões em que o Sudário teria estado.

Nessa pesquisa, identificou o pólen de 49 plantas, algumas delas características da Itália e de outros países da Europa, mas 33 que só crescem na Turquia e em Jerusalém ou num deserto próximo desta cidade, que é o único lugar do mundo em que crescem certas espécies vegetais simultaneamente halófilas (que suportam sal) e xerófilas (com preferência por solo seco).

Se os pólens identificados não nos indicam ao certo a idade do tecido, não contrariam a reconstituição do provável itinerário seguido pelo Sudário, com um dado fundamental: o tecido esteve em Jerusalém e seus arredores.

Um último detalhe. Nas últimas pesquisas científicas, Jackson e Jumper descobriram as marcas de objetos colocados nos olhos da pessoa envolvida no Sudário (fig. 9), e sugeriram que se tratava de moedas, segundo era uso entre os judeus para fechar os olhos do morto. Seguindo essa pista, descobriram-se por análise de computador 24 coincidências de dimensões, ângulos, seleção etc., com o lepto, uma moeda cunhada por Pôncio Pilatos entre 29 e 32 d. C. Estudos de remanescências de cemitérios judeus do primeiro século confirmam que os judeus colocavam moedas sobre os olhos dos mortos[12].

Como é o homem do Sudário

Em 1902, Yves Delage, professor de anatomia comparada na Sorbonne e agnóstico convicto, procedeu a um estudo detalhado da figura do Sudário, e ficou impressionado com as coincidências que notou com o que os Evangelhos nos relatam. Apesar do escândalo que iria suscitar, declarou que o homem do Sudário não podia ser outro senão o Jesus Cristo histórico do Novo Testamento. Que viu ele e, depois dele, outros médicos?

A figura é a de um homem com barba, de aproximadamente 1,80 de altura. O pano foi dobrado sobre a sua fronte, passando por cima da cabeça, e colocado entre as costas e uma superfície plana, formando uma imagem que mostra simultaneamente a frente e as costas por inteiro. Calcula-se que a idade do homem se situa entre os 30 e os 35 anos. Possui boa constituição física e é musculoso — um homem habituado ao trabalho manual.

Uma grande profusão de marcas sobre o corpo denota que morreu de morte brutal: veem-se cortes, contusões, feridas profundas, perfurações e o abdômen entumecido. E o mais importante é que todas as feridas são anatomicamente corretas, num grau surpreendente de detalhes, especialmente as relativas às manchas de sangue, apesar de estas serem um positivo e aquelas um negativo (cf. figs. 3 e 4).

A barba, o cabelo e os traços faciais coincidem com os verificados no grupo racial judeu ou semita, fácil de encontrar ainda hoje, sobretudo entre pastores judeus e nobres árabes.

Um elemento curioso da figura é uma longa mecha de cabelo que cai da cabeça sobre o osso do ombro, semelhante a uma mecha destrançada. Segundo Wilson, «é o mais impressionante traço judaico» existente no Sudário. Gressman e Daniel Rops mostraram que, efetivamente, era moda entre os judeus do tempo de Jesus usar o cabelo desse modo, preso atrás do pescoço como uma espécie de trança, ao contrário da ideia tradicional cristã que se fazia sobre o semblante de Jesus (fig. 4)[13].

À BUSCA DA IDENTIDADE

Uma crença arraigada durante séculos, transmitida por tradição oral, viu no Sudário de Turim o lençol que amortalhou o corpo de Cristo. As investigações levadas a cabo a partir da primeira fotografia tirada do lençol projetaram luzes novas e surpreendentes que apoiavam essa crença como a explicação mais plausível.

Ora, temos um documento histórico, os testemunhos evangélicos, que nos relatam, com base em fatos observados por testemunhas presenciais, não apenas a crucifixão de Cristo, mas o itinerário da sua paixão até à morte e à sepultura: Jesus é o Servo sofredor, seviciado, flagelado, crucificado, desfigurado pelas brutalidades a que o submeteram, imolado como cordeiro pascal. Até que ponto o Sudário recolhe essas circunstâncias históricas?

Um corpo barbaramente flagelado

Mateus, Marcos e João relatam que Pilatos, tentando demover a multidão, que exigia a crucifixão de Cristo, manda os soldados romanos açoitarem Jesus (cf. Jo 19, 1; Mt 27, 26; Mc 15, 16). Que nos revela o Sudário neste ponto?

Os romanos não flagelavam os condenados à crucifixão, a não ser moderadamente e enquanto estes transportavam a cruz até o lugar de execução. Ora, o Sudário revela traços de feridas que mostram ter o homem de Turim sido brutalmente flagelado por todo o corpo, à exceção da cabeça, pés e antebraços (fig. 3).

As feridas são numerosas, entre 110 e 120, e tanto pelo tamanho como pela forma são idênticas às produzidas pelo *flagrum taxillatum* romano, o «horrível flagelo» — um açoite de correias com pedaços de chumbo ou ossos de arestas cortantes nas pontas. Além das marcas das feridas, os cientistas puderam descobrir dentro delas os vestígios de perfurações na carne. Os golpes eram tão bárbaros que a lei romana proibia castigar com o *flagrum* os que fossem cidadãos romanos. Tanto pelo número de chicotadas — os judeus estavam proibidos pela lei de ultrapassar os 40 açoites (Dt 25, 3) —, como pelo flagelo empregado, vê-se que há coincidência com os dados do Evangelho: o castigo foi aplicado pelos soldados romanos.

Pelo ângulo das chicotadas, pode-se inferir que eram dois os algozes — um de cada lado —, pois os golpes convergem para dois pontos focais com uma extraordinária precisão geométrica. Esta comprovação exclui que a flagelação tivesse ocorrido enquanto o condenado transportava a cruz, já que neste caso os golpes teriam sido geometricamente desordenados. É outra coincidência com o Evangelho.

Mas a coincidência mais importante com o relato evangélico é a que explica a crueldade excepcional da flagelação que, como vimos, não era usual aplicar previamente a um condenado à crucifixão.

Relatam os Evangelhos que, inicialmente, Pilatos afastou a ideia da crucifixão reclamada pelo povo, pois sabia que Jesus era inocente (Jo 18, 38). Para contemporizar, manda açoitar Jesus, pensando que desse modo abrandaria o coração dos judeus. Mas a vista de Jesus desfeito pelos azorragues deixou o povo ainda mais raivoso: *Fora com ele! Crucifica-o!*, clamavam. Depois de uma nova tentativa, Pilatos, acovardado, cede: *Então entregou-o a eles para que o crucificassem* (Jo 19, 15-16). A mudança de opinião de Pilatos é o que explica, pois, a sucessão dos dois suplícios que Jesus sofreu, à diferença do comum dos condenados.

Uma última particularidade: os antebraços de Jesus não foram atingidos pelos flagelos, e isto indica que foi açoitado antes de carregar a cruz, pois os braços estavam atados à coluna, e portanto fora do alcance dos açoites.

A coroação de espinhos

As pessoas condenadas a morrer numa cruz costumavam ser salteadores, escravos que tinham praticado algum crime especialmente grave, ou agitadores que tivessem cometido um delito contra o Estado romano.

Evidentemente, essas pessoas não eram coroadas como reis antes de serem crucificadas. Nenhum documento antigo nos fala disso.

Chegamos aqui a um testemunho absolutamente capital para se identificar o homem do Sudário: por que esse homem teve a cabeça ensanguentada por uma coroa de espinhos, quando ainda estava vivo?

Os Evangelhos explicam-nos por quê. Os soldados romanos tinham ouvido os chefes judeus acusarem Jesus de blasfemar porque se dizia Deus; e sabiam que, à pergunta de Pilatos: *És tu o rei dos judeus?*, Jesus respondera: *Tu o dizes, eu sou rei. Para isto nasci e para isto vim ao mundo, para dar testemunho da verdade* (Jo 18, 37).

Depois de flagelarem Jesus, resolvem, pois, entreter-se fazendo-o rei de palhaçada, e colocam-lhe por manto real um pano vermelho, por cetro uma cana entre as mãos, e por coroa de ouro e pedras um capacete de espinhos: *Então os soldados do procurador, conduzindo Jesus ao Pretório, reuniram ao redor dele toda a coorte. E despojando-o das vestes, lançaram-lhe em cima um manto escarlate. E, tecendo uma coroa de espinhos, puseram-lha na cabeça, e na mão direita uma cana; e dobrando o joelho diante dele, diziam escarnecendo: «Salve, rei dos judeus». Cuspiam-lhe no rosto e, tomando da cana, davam-lhe golpes na cabeça* (Mt 27, 27-30).

Esta modalidade insólita de maus tratos é documentada de modo insuspeito pelo Sudário: toda a calota craniana apresenta feridas resultantes de objetos perfurantes finos, que coincidem com os espinhos de uma possível coroa em forma de capacete, capazes de dilacerar a golpe de pancadas o couro cabeludo; distinguem-se perfeitamente na mortalha os ferimentos da testa e sobretudo os da nuca (fig. 4).

É de notar a excepcional documentação morfológica do sangue, com as características de ter manado em vida, e que impregna profusamente, misturado com o suor, toda a massa dos cabelos[14].

Um crucificado: punhos e pés cravados

Em 1968, em três sepulcros de Jerusalém, encontraram-se os ossos de 35 pessoas.

O esqueleto de uma delas mostrava que havia sido crucificada: os ossos dos pés estavam trespassados por pregos, e os das pernas quebrados.

No Sudário, um sulco de sangue parte do pé direito e do calcanhar esquerdo: um único prego perfurou os dois pés, cruzados um sobre o outro (figs. 3 e 4).

Aparece também claramente uma chaga profunda na altura do pulso esquerdo. O pulso direito está encoberto pela mão esquerda, pois cruzaram as mãos diante do corpo antes de sepultar o cadáver; mas também aparece, em duas direções, o sangue que correu abundantemente do pulso esquerdo ao longo do antebraço (fig. 6). Não contradiz este dado a tradição cristã e os artistas, que sempre representaram Jesus crucificado pela palma das mãos?

Na verdade, o Evangelho não diz que Jesus foi crucificado pela palma das mãos. Quando Jesus se dirige a Tomé e lhe diz que olhe as suas mãos, não quer dizer que exclua os punhos, os quais, como se sabe, fazem parte das mãos (carpo). Por outro lado, a palavra hebraica *Yad*, usada na profecia messiânica — *trespassaram-lhe as mãos e os pés* (Sl 22, 16) —, era usada com grande variedade de aplicações, chegando a designar o antebraço e até o cotovelo.

Os crucificados não eram pregados na cruz atravessando-lhes a palma da mão, pois desse modo as mãos se rasgariam e o corpo certamente se desprenderia da cruz. No pulso localiza-se o espaço de Destot que, atravessado pelo prego e amparado nos ossos que o rodeiam, pode sustentar o peso do corpo e permitir-lhe os movimentos necessários para a frente e para trás (fig. 7).

Durante muito tempo, uma observação atenta do lençol teria levado à conclusão de que o homem do Sudário tinha apenas quatro dedos: não se descobriam sinais do polegar. Foi um cirurgião de Paris, o dr. Barbet, quem achou a explicação: um prego introduzido no espaço de Destot secciona ou prejudica necessariamente o nervo mediano, o nervo que flexiona os polegares, fazendo-os encolher-se para o interior da mão. Pesquisas recentes, feitas por computador, obtiveram imagens em que se observa que os polegares do homem do Sudário estão presentes na figura, mas dobrados bem junto da palma da mão.

O espaço de Destot só foi descrito anatomicamente no século XIX. Como poderia um pintor ou um eventual falsificador saber das consequências que um prego nele cravado provocaria no polegar, de modo a reproduzi-las na mortalha?

A morte

O homem do Sudário morreu por crucifixão, isto é, em consequência da asfixia que dela resultou. A posição de um crucificado, com os braços presos no alto e o corpo pendurado dos mesmos, acaba por dificultar os movimentos da caixa torácica, iniciando um processo de asfixia. Para respirar, o condenado precisa erguer o corpo, flexionando os braços e apoiando-se tanto quanto possível nas pernas, esticando-as ao máximo para que o corpo suba.

O Sudário indica tanto a posição normal como a posição erguida: esta, resultante do esforço para respirar, aquela indicando a posição caída, determinada pelo cansaço. Dois fluxos de sangue, com uma divergência aproximada de 10 graus, se percebem imediatamente nos antebraços, especialmente no braço esquerdo, indicando as duas posições do corpo (fig. 6).

Mas esse movimento para cima e para baixo tem um limite determinado pelo esgotamento muscular e pela dor das feridas abertas pelos pregos. O esforço muscular contínuo faz surgir cãibras, contrações tetânicas dos músculos peitorais e intercostais que, pela acumulação de ácido láctico, vão-se tornando rígidos: o condenado vai tendo cada vez maior dificuldade em respirar, sobretudo em expirar, e ainda que consiga reerguer-se para aliviar a pressão que sente nos músculos do peito, recai logo na posição baixa e a asfixia começa novamente. A isto deve acrescentar-se que a posição do corpo favorece a concentração de sangue nas pernas e na cavidade abdominal, com o que diminui o volume sanguíneo que chega aos pulmões.

O homem de Turim conserva os traços dessa morte por asfixia, principalmente o peito dilatado por não poder soltar o ar e o ventre inchado pelo acúmulo de sangue (fig. 3).

Uma coincidência importante entre a linguagem do Sudário e o relato evangélico é que o homem do Sudário não teve as pernas quebradas. Diz São João: *Como era dia da Preparação* (da Páscoa), *para que os corpos não ficassem na cruz em dia de sábado, por ser grande dia aquele sábado, os judeus rogaram a Pilatos que lhes quebrassem as pernas e os tirassem. Vieram, pois, os soldados e quebraram as pernas ao primeiro e ao outro que com ele estava crucificado. Chegando a Jesus, como o viram já morto, não lhe quebraram as pernas...* (Jo 19, 31-34).

É sabido que os crucificados podiam sobreviver por muitas horas e mesmo dias, e que, para apressar-lhes a morte, era frequente quebrarem-lhes as pernas pelo tornozelo: a morte sobrevinha então rapidamente, não só pela hemorragia, mas principalmente porque deixavam de poder apoiar-se nos pés para conseguirem erguer-se e respirar.

Mas Jesus — como o homem de Turim — é levantado sobre a cruz num estado de fraqueza extrema pela violência da flagelação a que foi submetido. Os maus tratos, as pancadas e socos, e sobretudo a flagelação — uma flagelação selvagem — provocaram não só hemorragias externas, mas internas, e provavelmente o líquido hemorrágico foi comprimindo os pulmões e acelerou a morte por asfixia, em consequência do derrame pleural.

O certo é que Jesus morreu antes que a maioria dos crucificados e antes que os outros dois que foram supliciados juntamente com Ele. Conta São Marcos que, quando José de Arimateia se dirigiu à presença de Pilatos e lhe pediu o corpo de Jesus, *Pilatos admirou-se de que ele tivesse morrido tão depressa*, ao ponto de ter chamado o centurião para que lhe confirmasse a notícia (Mc 15, 43-45).

Uma lança abriu-lhe o lado

Uma das comprovações mais comoventes do Sudário é a marca de uma ferida no peito causada por uma lança.

O quarto evangelista, São João, que foi testemunha ocular, relata que, depois de Jesus ter morrido, um soldado romano lhe atravessou o peito com uma lança para certificar-se de que já estava morto e não era preciso apressar-lhe a morte: *Chegando a Jesus, como o viram já morto, não lhe quebraram as pernas, mas um dos soldados atravessou-lhe o lado com uma lança e imediatamente saiu sangue e água.* E o Apóstolo acrescenta solenemente: *Aquele que o viu dá testemunho, e o seu testemunho é verdadeiro; ele sabe que diz a verdade, para que todos vós creiais* (Jo 19, 30-35).

O Sudário mostra uma ferida no flanco direito (fig. 7), causada por uma lança do tipo usado pelos soldados romanos no século I da nossa era: sem ganchos que alargassem a ferida e sem nervuras de reforço, tal como as que se utilizavam em motins para ferir depressa e mortalmente, de modo a retirar a arma e visar imediatamente outro adversário.

O golpe foi dado no lado direito (fig. 2), exatamente como os soldados romanos eram treinados a fazer para atingir os adversários, que protegiam o lado esquerdo, o do coração, com um escudo.

A ferida tem 4 cm — largura máxima das lanças romanas — e atingiu o hemitórax entre a 5ª e a 6ª costelas, a 13 cm do esterno.

Percebe-se claramente que a lançada foi desferida depois da morte, porque a ferida ficou aberta, o que não sucederia se fosse feita em pessoa viva. Por outro lado, há indícios de que o sangue saiu sem força, o que dá a entender que o coração já estava parado.

Sobre o tecido, vê-se uma dupla mancha: uma de sangue e outra, quase incolor, que se tornou bem visível quando se usaram raios ultravioletas na observação (fig. 8). Os dois líquidos correram abundantemente até formarem uma espécie de círculo em torno dos rins[15] (fig. 4).

Como vimos, o quarto evangelista afirma que da ferida saiu imediatamente sangue e água. O sangue procedia do coração e talvez de hematomas causados pelas hemorragias internas a que antes nos referimos. Quanto ao que São João chama água e que corresponderia à mancha incolor observada no pano, é muito provavelmente uma mistura de soro sanguíneo — resultante dos hematomas — e de líquido pericárdico, situado dentro do saco pericárdico que envolve o coração. Este líquido é tanto mais abundante quanto maior e mais abundante for o sofrimento da pessoa; constitui até uma prova usada em medicina legal para saber se a vítima foi seviciada antes de morrer.

A constatação de São João, de uma precisão extraordinária, mostra que Cristo sofreu muitíssimo durante a sua paixão.

Outras coincidências

O Sudário revela ainda que o homem nele amortalhado deve ter recebido pancadas violentas no rosto, pois se percebe um inchaço notável em torno do olho direito (fig. 9), além de várias escoriações. Ocorre espontaneamente pensar no que relata São Mateus: *Cuspiram-lhe então na face, bateram-lhe com os punhos e deram-lhe tapas dizendo: Adivinha, ó Cristo: quem te bateu?* (Mt 26, 67-68).

No nariz, nota-se uma dupla ferida, assim como uma deformação da borda, ocasionada provavelmente por uma ruptura ou deslocamento da parte cartilaginosa (fig. 9).

Os joelhos, por sua vez, revelam cortes e escoriações. O esquerdo apresenta uma ferida maior.

É muito provável que uma queda de bruços tenha provocado essas lesões. Imaginemos as condições em que o homem do Sudário foi levado ao local do suplício: com as mãos atadas ao travessão horizontal da cruz; extremamente debilitado em consequência da flagelação, dos socos e pontapés etc.; vestido com uma túnica em que era fácil ter pisado, na posição inclinada que o peso da cruz o obrigava a adotar.

Estes sinais no tecido parecem confirmar uma antiga tradição, segundo a qual Cristo teria caído várias vezes na sua caminhada para o monte Calvário. A própria alusão do Evangelho de Marcos a um certo Simão de Cirene que, passando por ali, foi requisitado para levar a cruz (Mc 15, 20-21), parece depor no sentido da extrema fraqueza e possíveis quedas de Cristo na subida até o local da execução.

É também de mencionar, por se tratar de uma exceção, que o homem do Sudário transportou a cruz vestido. Não era comum

Fig. 1 – Imagem tridimensional do homem envolto no Sudário, produzida pelo analisador de imagens VP-8. Este aparelho correlaciona, para cada ponto da imagem gravada no tecido, a intensidade da cor e a distância entre o corpo e o pano, e reproduz no vídeo a imagem em relevo. Uma fotografia comum fornece uma imagem bidimensional e distorcida, mas no caso do Sudário a correspondência é perfeita, permitindo até distinguir detalhes.

Fig. 2 – Imagem tridimensional da face; percebe-se que a barba está desviada para cima e que o cabelo do lado direito se mostra repuxado para trás, indicando que uma atadura – um «sudário» propriamente dito – teria sido amarrada verticalmente em torno da cabeça, para manter a boca fechada. Também são aparentes os objetos colocados sobre os olhos; uma análise detalhada desses objetos indica tratar-se de leptos, moeda cunhada entre os anos 29-32 d.C.

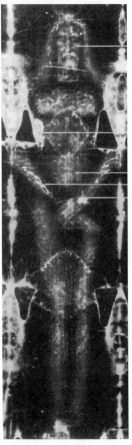

Face inchada

Chaga do lado direito

Ventre distendido
Sangue das feridas e cravos
Ferida do cravo no pulso

Fig. 3 – Reprodução da imagem anterior do Sudário

Sangue das feridas causadas pela coroação de espinhos

Trança desmanchada

Contusões no ombro

Chagas da flagelação

Sangue procedente da ferida do lado

Fig. 4 – Reprodução da imagem posterior do Sudário

Feridas do cravo nos pés

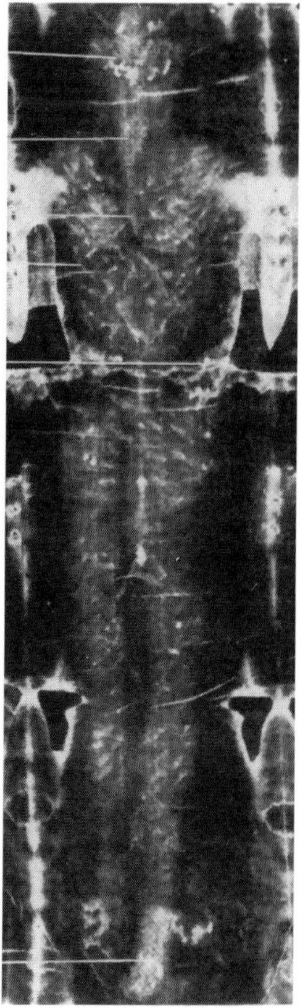

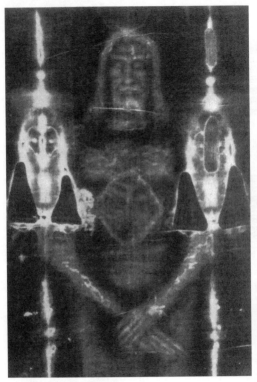

Fig. 5 – Parte superior da imagem frontal do corpo, mostrando claramente as marcas da flagelação também no peito e a distensão do abdômen.

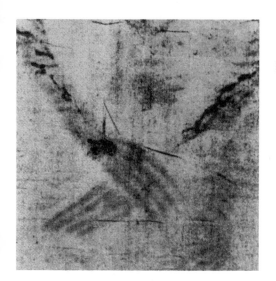

Fig. 6 – As mãos do Sudário. Percebe-se claramente a marca do cravo no pulso, e as duas direções do fluxo de sangue nos braços devidas às diferentes posições do corpo na Cruz. Os polegares não aparecem, pois estão encolhidos.

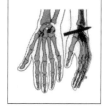

Fig. 7 – Esquema de uma mão crucificada. O prego atravessa o espaço de Destot, e o corpo se apoia nos ossos do carpo.

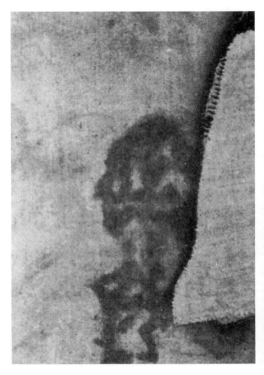

Fig. 8 – Imagem da ferida do lado. Tanto a chaga aberta pela lança quanto a mancha de sangue são muito nítidas. O halo claro ao redor do sangue é provavelmente soro sanguíneo.

Fig. 9 – O rosto do Sudário. As setas indicam escoriações na testa, a presença de objetos sobre os olhos, e um desvio do septo nasal devido a um trauma violento.

Fig. 10 – «Sombra» permanente de uma válvula numa parede em Hiroshima, produzida pelo brilho fortíssimo da explosão atômica. Um processo semelhante – talvez no momento da Ressurreição – teria originado a imagem do Sudário.

Fig. 11 – Pintura italiana do século XVI, indicando como o Sudário teria envolvido o corpo.

os condenados irem vestidos à crucifixão[16]. Tanto São Marcos como São Mateus dizem que Jesus foi ao Calvário com as próprias vestes e São João refere que os soldados as dividiram em quatro partes, uma para cada soldado, e lançaram sortes sobre a túnica, que era inconsútil, para ver a quem cabia (Mt 27, 31; Mc 15, 20; Jo 19, 23).

Ora, o Sudário revela que as lesões provocadas nos ombros pela flagelação foram relativamente pequenas. Sem dúvida teriam sido maiores se a cruz tivesse sido transportada sobre os ombros nus, sem nada que amortecesse o atrito da madeira (fig. 4). Outra coincidência significativa com o relato evangélico.

O sepultamento

Como já vimos, os romanos reservavam a crucifixão aos que tivessem cometido um crime grave ou um delito contra o Estado romano. Normalmente, o corpo dos executados não era reclamado por ninguém, sendo jogado na vala comum. Sem lençol.

Ora Jesus, crucificado como um escravo, foi condenado por Pilatos sob a acusação de ter conspirado contra o Estado romano. E, no entanto, escapou à vala comum. Seu corpo foi reclamado por um homem influente, José de Arimateia, um discípulo secreto, que o envolveu num lençol novo, limpo, e o enterrou num túmulo que tinha comprado para si, próximo do lugar da crucifixão. Estes são os dados precisos que nos chegaram através do Evangelho de São João.

O homem do Sudário também foi enterrado num lençol fino que, segundo se calcula, teria custado inúmeras horas de trabalho. É um detalhe que faz pensar efetivamente em José de Arimateia, que sepultou Jesus e era um homem rico.

Mas há ainda um outro aspecto que parece quadrar com o que nos dizem os Evangelhos: a abundância de vestígios de sangue, a indicar claramente que o corpo não foi lavado antes de ser amortalhado, ao contrário do que era costume entre os judeus (At 9,37).

O corpo de Jesus recebeu sinais claros de respeito e distinção, como ser envolvido num lençol de linho e colocado num sepulcro novo, não em vala comum. No entanto, omitiram algo elementar entre os judeus: lavar o corpo antes de sepultá-lo.

O relato de São João permite-nos compreender por que isso aconteceu: «*Tomaram, pois, o corpo de Jesus e envolveram-no em faixas de linho com os aromas, conforme é costume sepultar entre os judeus. Havia perto do lugar onde foi crucificado um horto, e no horto um sepulcro novo, no qual ainda ninguém fora depositado. Ali, pois, depuseram Jesus, por causa do dia da Preparação dos judeus...*» (Jo 19, 40-42).

Vê-se assim a causa da omissão. Estava prestes a começar o grande Sábado pascal em que, como aliás em qualquer sábado, que é o dia santo dos judeus, se proibiam rigorosamente os trabalhos manuais. Por isso era preciso enterrar Jesus antes do pôr do sol da sexta-feira, e por isso não puderam lavar o corpo do Senhor: não havia tempo.

Isto explica também que, no primeiro dia útil, isto é, o domingo, as santas mulheres tivessem ido ao sepulcro, levando os aromas que haviam preparado, a fim de completar o trabalho deixado a meio na sexta-feira santa.

A ressurreição

O evangelista continua: ao amanhecer do primeiro dia da semana — o domingo —, Maria de Magdala encontra o túmulo aberto, corre a avisar Pedro, e este, com João, o discípulo que Jesus amava, corre também para o sepulcro; e ambos observam que o lençol se encontra no chão, vazio, manifestamente sem conter o volume de um corpo.

Depois, o próprio Cristo aparece a Maria Madalena, que ficara chorando ao pé do sepulcro (Jo 20, 14), e por fim aos próprios Apóstolos: *Chegada a tarde daquele primeiro dia, estando fechadas as portas do lugar onde, por temor dos judeus, se achavam os discípulos, veio Jesus e, posto no meio deles, disse-lhes: «A paz seja convosco». E em dizendo isto mostrou-lhes as mãos e o lado, e os discípulos alegraram-se vendo o Senhor* (Jo 20, 19-20).

Este é o fato histórico que os Evangelhos nos relatam: a ressurreição de Jesus, testemunhada pelos Apóstolos e pelas santas mulheres, e ainda, como relata São Paulo, por muitos outros e por mais de quinhentos irmãos de uma só vez (1 Cor 15, 3-8).

O Sudário de Turim, que lança tanta luz sobre a paixão e morte de Cristo, numa sucessão espantosa de coincidências, terá também algo a dizer-nos sobre a sua ressurreição?

Fixemo-nos em três ponderações de vulto.

O CORPO NÃO SE DECOMPÔS

O corpo envolvido no Sudário achava-se em estado absoluto de enrijecimento causado pela morte (*rigor mortis*), e os patologistas estão em condições de afirmar que estava sem vida.

Ora, o corpo humano, ao cabo de cerca de trinta horas, começa a deixar sobre os panos que o envolvem uma espécie de pequenos cristais resultantes dos fenômenos que ocorrem no cadáver depois desse tempo, especialmente pela decomposição cadavérica. Mas os especialistas que estudaram o Sudário não encontraram o menor indício desses cristais entre as fibras do tecido. Isto indica que o lençol fúnebre não esteve muitos dias em contato com o corpo sepultado.

O CORPO NÃO FOI RETIRADO POR MEIOS HUMANOS NORMAIS

Mas o corpo poderia ter sido retirado da mortalha pelos próprios discípulos, como aliás se tentou propalar na ocasião (cf. Mt 28, 13).

Os cientistas fizeram uma análise minuciosa do lençol e concluíram que por nenhum meio humano normal se teria conseguido separar uma ferida e o pano unido a ela, depois que o sangue secou, sem arrancar pequenas partículas do corpo, sem desfazer a correção anatômica da figura e a integridade estrutural das manchas de sangue e dos coágulos sanguíneos: as manchas ter-se-iam desfeito e se espalhado. Todavia, encontram-se intactas (figs. 6 e 8).

A separação natural deixaria no tecido sinais de fibras de linho que, grudadas à ferida e ao sangue, teriam sido repuxadas ao separar-se o cadáver da mortalha que o envolvera. A observação microscópica não captou nenhum desses indícios: depois de aumentados 32 vezes, o centro e as bordas

das manchas de sangue não revelaram nenhum sinal de repuxamento das fibras[17].

A ORIGEM DA FIGURA

É sabido que os cientistas não conseguiram desvendar o mistério relativo ao processo técnico que teria originado a formação da figura do Sudário. As conclusões científicas apenas nos dizem como é que esta não foi gravada no tecido: não foi pintada, não foi formada por contato direto — à exceção das manchas de sangue — nem mediante vapores ou qualquer outro processo conhecido no nosso século e muito menos no século XIV.

Segundo vimos, a teoria mais plausível de todas é a da chamuscadura ocasionada por calor ou por uma luz intensa. Mas o que teria causado essa chamuscadura? Como é que o corpo de um cadáver pode produzir calor ou luz? Não resta outra hipótese senão a de que, ao ressuscitar, o corpo de Cristo irradiasse esse calor ou essa luz (fig. 10). O Sudário não diz que Cristo ressuscitou, mas não só não se opõe à ressurreição, como parece apontar para esse fato histórico como a explicação mais plausível para a formação da figura impressa no lençol.

Conclusões

As coincidências

Vale a pena enumerar sucintamente as coincidências existentes entre o homem do Sudário e Jesus de Nazaré:

1. A partir do século VII, passa-se a adotar na arte religiosa um único modelo para representar Jesus, no qual se distinguem pelo menos 15 detalhes que se encontram na figura do Sudário.

2. A figura estampada no lençol representa um semita com barba e cabelo comprido e entrançado, como se usava na Palestina no tempo de Cristo.

3. A brutal flagelação, insólita em condenados à crucifixão, executada com o *flagrum* romano; este castigo não era aplicado aos cidadãos romanos.

4. A coroação de espinhos, circunstância igualmente insólita.

5. O homem do Sudário não foi despido até o lugar da execução, o que também não era usual.

6. As pernas não foram quebradas, ao contrário do que se fazia nos casos de crucifixão, para apressar a morte do condenado.

7. Uma lança de forma igual à que usavam os soldados romanos atravessa o lado direito, após a morte.

8. O crucificado não foi enterrado na vala comum, mas sepultado individualmente e com uma peça de linho cara.

9. Foi sepultado cuidadosamente, mas não lhe lavaram o corpo.

10. O cadáver abandonou o lençol fúnebre antes de entrar em decomposição.

A SABEDORIA DE DEUS

Diversos especialistas de renome aplicaram a estes dados o cálculo de probabilidades, para saber qual a probabilidade de que o homem do Sudário não fosse Jesus Cristo.

Para uns, é de um para um octilhão, isto é, de 1 para 10^{27} (a unidade seguida de vinte e sete zeros). Para os mais prudentes, é de um para 262 bilhões. Pode-se dizer que a probabilidade é tão insignificante que, na prática, é como se não existisse[18].

A conclusão que se impõe é a de que, à vista dos fatos, a explicação mais plausível, a única satisfatória é que o homem do Sudário é Jesus de Nazaré, e que o Lençol de Turim é o lençol fúnebre com que José de Arimateia e Nicodemos envolveram o corpo de Cristo. O paralelismo entre o tecido e os testemunhos evangélicos é perfeito: nada a mais, nada a menos. No dizer de Jean-Charles Thomas, «o Sudário é como um quinto Evangelho, inteiramente centrado na Paixão e na Ressurreição de Cristo, que representam o coração da mensagem cristã»[19]. Um Evangelho escrito com caracteres de sangue.

Yves Delage, professor de Anatomia na Sorbonne, membro da Academia Francesa e agnóstico confesso, concluiu já em 1902 que o Sudário era o lençol de Jesus. Severamente criticado, teve a seguinte observação: «Injetou-se desnecessariamente um problema religioso num assunto que, em si, é puramente científico, e o resultado foi que os sentimentos se excitaram e a razão foi posta de parte. Se, em vez de Cristo, se tratasse de outra pessoa, como um Sargão, um Aquiles ou um dos Faraós, ninguém teria pensado em fazer a mínima objeção»[20].

É de admirar a sabedoria de Deus, que vem em socorro do homem num século em que a ciência e o audiovisual conquistaram um lugar preponderante nas nossas maneiras de pensar. Nesta nova fase da humanidade, Deus, por assim dizer, dá-se a ver, a observar, a investigar, a fotografar, fortalecendo a fé pela ciência.

Ninguém é coagido a crer: Jesus não constrangeu ninguém a segui-lO. Mas ninguém pode ficar insensível; e os que fogem dEle, esses sabem muito bem que fogem — ao menos provisoriamente, porque ninguém pode fugir para sempre do olhar de Deus.

POR QUE TANTO SOFRIMENTO?

No Sudário de Turim podemos ver «graficamente» fixada a paixão e morte de Cristo: é, no dizer de Paulo VI, uma «estupenda página paleográfica, escrita com caracteres de sangue». Diante deste quadro impressionante, que aviva e preenche o que, na sua sobriedade contida, nos dizem os Evangelhos, podemos perguntar-nos: por que e para que tanto sofrimento?

A causa de tanto sofrimento é o pecado: o pecado original cometido por nossos primeiros pais e os pecados pessoais dos homens. Este *mistério de iniquidade* (2 Ts 2, 7) cavou um fosso entre Deus e os homens. O homem deixou de ser filho de Deus para se tornar o seu inimigo.

Cristo veio ao mundo e quis sofrer para reconciliar o homem com Deus e devolver-lhe a condição de filho e de herdeiro do Céu. Morreu por nós, para que nós revivêssemos.

São Paulo escreve aos Romanos: *Quando ainda éramos pecadores, Cristo morreu por nós...; quando ainda éramos inimigos, fomos reconciliados com Deus pela morte de seu Filho* (Rm 5, 8.10).

A rigor, a redenção do gênero humano não exigia a morte de Cristo e muito menos esses sofrimentos e essa morte. «Não era necessário tanto tormento. Ele podia ter evitado aquelas amarguras, aquelas humilhações, aqueles maus tratos, aquele juízo iníquo, e a vergonha do patíbulo, e os pregos, e a lança... Mas quis sofrer tudo isso por ti e por mim»[21].

De fato, bastava qualquer ato de Cristo para nos restituir à amizade com Deus, porque, sendo Deus feito homem, tudo n'Ele tinha um valor infinito, suficiente para pagar por todos os pecados do mundo. No entanto, quis padecer tudo o que padeceu para nos mostrar, de uma maneira impressionante, toda a maldade do pecado, e toda a imensidão do amor de Deus: «Cristo — diz João Paulo II — encaminha-se para o seu próprio sofrimento, consciente da força salvífica deste; e vai, obediente ao Pai e, acima de tudo, *unido ao Pai naquele mesmo amor* com que Ele amou o mundo e o homem no mundo»[22].

«*Eu*, dizia São Paulo aos Gálatas, *vivo na fé do Filho de Deus, que me amou e se entregou a si mesmo por mim*» (Gl 2, 20). Cristo, por amor, quis assumir sobre si toda a carga brutal dos pecados dos homens. A Ele, *que não tinha conhecido pecado, Deus o fez pecado por nós* (2 Cor 5, 21), isto é, Deus Pai fez recair sobre seu corpo e sobre sua alma o mistério de iniquidade que é o pecado, para nos libertar dele, resgatando-nos *por um grande preço* (1 Cor 6, 20), o preço do *precioso Sangue de Cristo* (1 Pe 1, 18).

O sacrifício redentor de Cristo, que o Sudário testemunha com fortes gritos silenciosos, é um apelo inesquivável. Diz-nos que o Filho de Deus se entregou, amando-nos até o extremo (Jo 13, 1), para nos redimir, para nos alcançar o perdão dos pecados e nos comunicar a Vida divina: a graça e a felicidade eterna. E isso pode deixar-nos indiferentes?

Os cristãos dos primeiros séculos gostavam de considerar a ferida do peito de Cristo como uma fonte aberta: a fonte da salvação pela qual o sangue redentor e as águas regeneradoras do Batismo são oferecidos a todos os homens. Mas cada um tem que se abeirar dessa fonte, para renascer e ter a Vida, mediante a fé, a esperança e o amor; cada um tem que receber as águas vivas da graça por meio dos Sacramentos, canais divinos que aplicam a cada alma os frutos da Paixão; cada um tem que encarnar essa nova vida, tornando-se seguidor dos passos de Jesus Cristo.

Quando se veem assim os padecimentos do Senhor, que Ele quis deixar estampados no Sudário, o espetáculo das feridas de Cristo, humanamente estarrecedor, se ilumina e se transforma num impulso irresistível para quem o contempla: o impulso de devolver amor por amor.

Podemos encerrar estas páginas dizendo que a riqueza de informações que a pesquisa do Sudário foi acumulando até hoje não constitui uma simples confirmação científica da verdade histórica sobre a Paixão de Cristo relatada nos Evangelhos. É muito mais. É como uma voz que reforça o apelo do Evangelho, recordando aos homens, com palavras de São Josemaria Escrivá, que «não nos pertencemos. Jesus Cristo comprou-nos com a sua Paixão e com a sua Morte. Somos vida sua. Já só há uma maneira de vivermos na terra: morrer com Cristo para ressuscitar com Ele, até podermos dizer com o Apóstolo: *Não sou eu que vivo, é Cristo que vive em mim*»[23].

Apêndice
A QUESTÃO DO CARBONO-14

Em outubro de 1988, o Arcebispo de Turim, Cardeal Anastasio Ballestrero, responsável pela conservação do Santo Sudário, anunciava oficialmente o resultado de uma pesquisa levada a cabo por três laboratórios para determinar a idade do Sudário pelo método do carbono-14 (C-14). O veredito unânime desses laboratórios era que a peça devia ser datada entre os anos de 1260 e 1390, com uma margem de erro não superior a 5%. Caía assim pela base a crença de que se tratava do lençol mortuário que envolvera o corpo de Cristo; o sudário não passaria da obra de algum falsário medieval. Em que consistiu essa prova? Realmente desmentia a crença secular?

A pesquisa com o C-14

Existem vários tipos de carbono, dos quais interessam aqui o C-12, o C-13 e o C-14, que são absorvidos pelos seres vivos até a sua morte. O C-14, que é radioativo e tem peso atômico diferente dos outros dois, forma-se normalmente na atmosfera a partir do nitrogênio ou do C-13, devido à ação da radiação solar e dos raios cósmicos; uma vez morto o organismo pelo qual foi absorvido, vai diminuindo de maneira uniforme, por desintegração, de modo que, quanto mais antiga for a peça, menor proporção de C-14 conterá e ao contrário. Pela proporção de C-14 encontrada num objeto que um dia foi um ser vivo, pode-se assim determinar a sua antiguidade, quando se tomam os devidos cuidados com o material testado e com as fases da prova em si, desde que, evidentemente, a peça examinada não tenha passado por vicissitudes capazes de alterar a quantidade de C-14 nela contida.

Em 21 de abril de 1988, na sacristia da catedral de Turim, cortou-se uma faixa de 10x70 mm do Sudário, que foi dividida em três pedaços e, juntamente com três outras amostras de controle de data conhecida, entregue aos representantes dos laboratórios da Universidade de Oxford, da Universidade de Tucson (Arizona) e do Instituto de Tecnologia de Zurich. As amostras foram entregues de forma codificada — isto é, sem que se pudesse identificar quais as que pertenciam ao Sudário — para assim garantir a isenção da pesquisa, embora depois se viesse a comprovar que a medida era inócua, pois a textura do linho do Sudário era de conhecimento geral[24].

Levada avante a pesquisa, os resultados foram dados a conhecer pelo Cardeal Ballestrero numa conferência de imprensa em 16 de outubro de 1988: «O tecido do Sudário de Turim pode ser datado entre os anos 1260 e 1390: este é o resultado, com 95% de probabilidade de acerto, da prova do carbono-14 a que foi submetido o Sudário pelos laboratórios da Universidade de Arizona, de Oxford e do Instituto Tecnológico de Zurich, sob a coordenação geral do dr. Michael Tite, do British Museum».

A decepção só não foi maior porque, mesmo antes do comunicado oficial, por uma indiscrição propositada ou não do laboratório de Oxford, já se dera a conhecer os resultados da pesquisa semanas antes, e os meios de comunicação vinham estampando declarações e comentários, irônicos ou displicentes, carreando mais uma pedra para o edifício da pretensa oposição entre fé e ciência.

Bem é verdade que tanto as declarações do Cardeal de Turim em torno do comunicado como os comentários do *Osservatore Romano* esclareciam o alcance do novo dado do ponto de vista da fé: a Igreja Católica foi a primeira e a mais interessada em submeter às mais avançadas provas da técnica e da ciência um objeto tão apreciado e querido pelo povo cristão. A Igreja não só não teme, como demonstra o maior apreço pela investigação científica e pela ciência. Isso não supõe obstáculo algum para que o povo cristão queira e a Hierarquia reitere o seu desejo de que o povo continue a venerar a Paixão e a Ressurreição de Cristo, como o fizeram gerações de fiéis cristãos, através desta imagem fixada no lençol de forma ainda não explicada. A Igreja nunca disse de maneira oficial que o Santo

Sudário fosse o sudário autêntico de Jesus Cristo no sepulcro. Também não disse que não o fosse, e por isso pôs em mãos da ciência e da tecnologia mais avançada este objeto de culto. Ninguém pode dizer que a Igreja tenha alimentado uma superstição; o valor simbólico do Sudário continua vigente, como continua vigente a devoção a tantas imagens de Nossa Senhora, cujo valor é independente da base histórica[25]. Mas só isso?

A precipitação em divulgar os resultados da pesquisa e o laconismo do comunicado do Arcebispo de Turim deixaram na sombra uma série de aspectos que certamente matizariam esta conclusão e imporiam uma atitude mais cautelosa ao analisá-la. Não é que se pusesse em dúvida que a prova com o C-14 tivesse sido feita com todo o cuidado. Mesmo assim, o resultado deveria ter sido analisado mais demoradamente para se apurar o seu significado exato e o seu grau de credibilidade. Vejamos alguns aspectos.

Antes de mais, o prof. Luigi Gonella, do Departamento de Física do Politécnico de Turim e assessor do Cardeal Ballestrero, combinara com os laboratórios que se fizesse uma prévia análise físico-química do tecido, para avaliar a quantidade de microorganismos vivos (fungos, esporos, pólen) e de outros corpos microscópicos que tinham ido permeando os próprios fios da trama no decorrer dos séculos. Os peritos que, ao longo do tempo, tinham estudado o Sudário, chegaram a estimar que 10 a 15% do seu peso poderiam resultar desse material estranho, mais recente e por isso mesmo capaz de alterar significativamente os resultados da prova, pois seria praticamente impossível retirá-lo sem destruir o próprio tecido. Ora bem, nenhum dos laboratórios publicou os resultados desse exame. Até que ponto os procedimentos rotineiros de purificação levados a cabo[26] foram capazes de eliminar esses resíduos é uma questão que permanece em aberto[27].

Outra dificuldade, mais grave que a anterior, para a objetividade dos resultados do C-14, reside nas vicissitudes por que passou o Santo Sudário ao longo dos séculos, como o incêndio de Chambéry e um outro, que submeteram o Sudário a queimaduras e temperaturas altíssimas. Estes aspectos teriam ainda maior relevância no caso de ser verdade o que relata um cronista do século XVI sobre uma prova a que o Sudário foi submetido em 14 de abril de 1503, em Bourg-en-Bresse. Nessa ocasião, a resistência da imagem teria sido oficialmente verificada, na presença de três bispos, com métodos altamente poluentes: «Para verificar se o Santo Sudário era autêntico, foi fervido em óleo, passado pelo fogo e lavado e esfregado diversas vezes, mas não se conseguiu apagar a figura».

Por outro lado, as exposições para a veneração dos fiéis submeteram o Lençol de Turim à ação de raios solares, de fumaça (círios, tochas, incenso), de ambientes confinados e atulhados de pessoas, com uma atmosfera muito rica em dióxido de carbono, ao contato com mãos, muitas das quais sujas e suadas etc., fatores que também poderiam ter alterado a composição original de C-14, por maiores que tenham sido os cuidados na purificação da amostra.

A hipótese de absorção posterior de carbono-14 não é digressão puramente acadêmica. Pode realmente haver fatores que alterem o ritmo de formação ou desintegração do C-14, tal como a incidência de radiação solar, de raios cósmicos ou de radioatividade natural ou provocada sobre a peça arqueológica. Tem havido, neste sentido, uma série de erros bem comprovados em algumas datações com o método do C-14: amostras de árvores vivas, situadas à beira de uma estrada bem movimentada, foram datadas como tendo morrido bastantes séculos antes, por terem absorvido gases de escapamento procedentes de um petróleo originado há milhares de anos. E — ponto importante — o caso contrário também aconteceu várias vezes: peças arqueológicas de há séculos continham mais C-14 do que seres vivos atuais, porque haviam sido afetadas pelas emissões radiativas de uma central nuclear próxima[28]. Em ambos os casos, a prova estava muito bem feita, mas eram falsas as bases de que partia.

Um problema para a ciência

Seja como for, a análise do C-14 é um dado que não resolve as misteriosas interrogantes acerca do Sudário acumuladas ao longo de noventa anos de pesquisa. Quem terá razão?

Os que empreenderam a prova do carbono radioativo e datam o Sudário entre 1260 e 1390, ou os que, ao longo de décadas de pesquisas interdisciplinares, demonstraram que não pode tratar-se de uma realização medieval? Em qualquer caso, os dados e problemas levantados por estes últimos permanecem de pé. Podemos recordá-los brevemente:

Em primeiro lugar, a imagem não foi pintada nem impressa por contato, a não ser as manchas de sangue. É um negativo, conceito desconhecido até o século XIX, e só nos últimos anos do século XX é que se descobriu tratar-se de uma imagem tridimensional. Evidentemente, ninguém tinha a mais remota ideia dessas técnicas nos séculos XIII e XIV.

Também ninguém possuía nessa época os conhecimentos anatômicos, fisiológicos e fisiopatológicos necessários para conseguir reproduzir o realismo impressionante da imagem, em que se encontram impressas todas as marcas de um homem flagelado, coroado de espinhos e crucificado. Aliás, sabe-se que a crucifixão foi abolida muitos séculos antes da data apontada pela prova do C-14.

Para tentar reproduzir a figura estampada no Lençol seria necessário pegar um homem vivo e submetê-lo a todas as sevícias por que Jesus passou, sem esquecer os socos no rosto, os ferimentos nos joelhos, e que os pregos deveriam atravessar os pulsos e não as palmas das mãos, como se pensava erroneamente na Idade Média. Depois de morto, e não antes, atravessar-lhe o peito com uma lança romana exatamente do modo por que o faziam os soldados romanos... O autor desse feito seria um doente mental, um sádico, e nunca um artista genial.

Mas, mesmo depois de todas essas sandices macabras, esse homem não conseguiria formar a imagem em negativo que aparece no linho, pois as pesquisas da equipe da NASA (STURP — Shroud of Turin Research Project) demonstraram que a imagem não se formou por contato direto com sangue, plasma sanguíneo, bálsamos funerários etc., como também não foi pintada nem impressa com chapas metálicas incandescentes.

As características do tecido são semelhantes às telas do século I achadas no Oriente Médio, na localidade síria de Altar; aliás, essa trama era absolutamente desconhecida na Idade Média. Por outro lado, os escritos identificados em diversas partes do Sudário, particularmente à esquerda do rosto, em caracteres unciais maiúsculos, correspondem a um tipo de escrita usado apenas no século I.

As moedas colocadas sobre os olhos do homem do Sudário indicam o costume funerário em voga entre os judeus na época de Cristo. Uma das moedas é de Pôncio Pilatos, cunhada nos anos 29-30 da nossa era. A outra, a da esquerda, traz a efígie de Júlia, mãe de Tibério, nascida no ano 29 e, pelo que se sabe, cunhada apenas naquele ano.

Por último, os resultados da análise do pólen encontrado no Sudário revelam a sua presença nos locais indicados pela tradição, em que as plantas fazem parte da vegetação normal.

Diante destas provas, o rigor científico diz que a prova com C-14 deve ser colocada no devido lugar: é mais uma pesquisa, e não invalida as demais investigações feitas com toda a meticulosidade, seja no campo histórico e artístico, seja no palinológico, numismático, físico, químico, paleológico, fisiopatológico etc., que apontam o século I como aquele em que foi fabricado o lençol onde ficou misteriosamente gravado o negativo de um homem crucificado, depois de ter sido flagelado e coroado de espinhos.

Quando num estudo há centenas de dados coerentes e um discrepante, à hora de se estabelecer uma dúvida razoável sobre a exatidão dos mesmos, o lógico é pedir ao dado discrepante mais provas que aos outros. De qualquer maneira, os pesquisadores do STURP já solicitaram autorização para levarem avante 25 novas pesquisas.

Trata-se, pois, de um problema para a ciência. Mas de maneira nenhuma para a fé. Neste sentido, o não-crente está em posição menos vantajosa e isenta que o homem de fé. Assim o sublinha o Cardeal Giacomo Biffi, arcebispo de Bolonha: «A meu ver, o fiel e o não-crente não começam essa competição nas mesmas condições. Do ponto de vista psicológico, o não-crente está em posição desfavorável (...). Como foi lembrado, (...) a questão do Sudário não põe em tela de juízo a fé, quaisquer que sejam os seus resultados. Que eu saiba, nenhum responsável da Igreja incluiu o Sudário entre as provas da verdade do cristianismo. Por isso, o fiel é um pesquisador que, enquanto fiel, não tem condicionamentos de princípio. Pode tranquilamente ter fé e negar a autenticidade do Sudário. No entanto, já seria muito mais difícil admitir a autenticidade dessa excepcional relíquia e continuar a não acreditar em nada. A incredulidade se encontraria em dificuldades se tivesse que defrontar-se com a certeza de se ver diante do lençol do sepultamento de Cristo, tantos seriam os "prodígios históricos" que, nesse caso, deveriam ser admitidos. Como frequentemente acontece, e ao contrário do que normalmente se diz, neste caso a fé em Cristo torna a pesquisa mais livre e sem preconceitos do que a "fé no vazio existencial", que com frequência é confundida, sem razão, com a racionalidade absoluta»[29].

A data da confecção do Santo Sudário é, pois, um problema em aberto para a ciência, e os estudos devem prosseguir, como as próprias autoridades eclesiásticas o desejam, de maneira a chegarem a uma conclusão. O que é de duvidar é que algum dia se chegue a saber como é que nesse lençol chegou a ser impressa em negativo a imagem de alguém que foi flagelado, coroado de espinhos, crucificado e trespassado por uma lança, exatamente da mesma forma como os Evangelhos nos contam que aconteceu com Jesus Cristo.

Uma solução?

O problema da origem do negativo subsistiria mesmo que, por hipótese, se tivesse encontrado junto do Santo Sudário uma anotação indicando que se tratava do lençol que envolveu o corpo morto de Cristo.

Com efeito, a figura impressa no Sudário continua a levantar, como vimos, uma série de interrogações verdadeiramente enigmáticas: como se gravaram umas imagens fotográficas dezoito séculos antes de se inventar a fotografia? Como é que essa impressão se realizou em negativo? Como é que tem imagens tridimensionais perfeitas? Por que o linho, que tem impressa a figura de um cadáver, não apresenta a menor mancha de decomposição cadavérica? Por que toda a imagem está gravada de uma maneira tão uniforme, quando o lógico era que estivessem mais vincadas as marcas do dorso? Por que as manchas de sangue se imprimiram de forma diferente da dos traços do corpo?

Todas estas indagações parece que teriam uma resposta cabal, por mais estranha que possa parecer aos olhos humanos, se se partisse da hipótese aventada nas últimas páginas deste opúsculo: o de que a figura teria ficado impressa no linho no momento da Ressurreição de Cristo.

Efetivamente, suponhamos que o Sudário é de algum modo indício e testemunho da Ressurreição, e que houve algum tipo de irradiação associada a esse fenômeno. Neste caso, teríamos as seguintes respostas:

— a imagem gravou-se fotograficamente pela radiação emitida no momento da ressurreição;

— essa impressão gravou-se em negativo porque assim são as imagens gravadas por irradiação;

— não existe mancha de decomposição cadavérica porque a Ressurreição se deu antes da putrefação cadavérica;

— a imagem está gravada uniformemente porque a Ressurreição se deu mediante levitação e, nessas circunstâncias, tanto as marcas do dorso como as da frente marcam a figura por igual, pois o peso não conta;

— ficaram as manchas de sangue porque, estando fora do corpo, as crostas sanguíneas não ressuscitaram, ao contrário do corpo.

Mais importante é que justamente esta hipótese explicaria o fato de se ter encontrado mais C-14 na amostra do que o que se deveria esperar de um tecido do século I, pois, como vale a pena lembrar, o C-14 forma-se a partir do C-13 e do nitrogênio por efeito de radiações. Ora bem, este fato sugere que a proporção de C-14 encontrada, mais que uma prova que desabone a autenticidade, poderá ser o ponto de partida para uma nova série de pesquisas que permitam compreender melhor os efeitos físico-químicos da Ressurreição[30]... Pesquisas que, aliás, já foram projetadas e só estão à espera do momento oportuno para serem levadas a cabo.

Que pensar de tudo isso?

Conta o prof. Barbet que, quando estava prestes a entregar à tipografia a primeira edição do seu opúsculo sobre as pesquisas em torno do Sudário, quis conhecer a opinião de um homem de ciência, competente e livre de toda a parcialidade, e procurou o seu amigo Hovelacque, professor de Anatomia na École Pratique de Paris. Hovelacque era homem de reconhecida honestidade científica, mas agnóstico. Pegou o opúsculo e começou a lê-lo. No fim, fechou o livrinho, ficou em silêncio e, passados uns minutos, exclamou: «*Mais alors, mon vieux..., Jesus Christ a ressuscite!...*» (Mas então, meu amigo, Jesus Cristo ressuscitou!)[31].

É evidente que a ciência não se mete a falar de ressurreição, mas induz a pensar que o cadáver, num instante infinitesimal, desapareceu; não fala de corpo glorioso, mas dá a entender que esse corpo ficou subitamente dotado de uma carga fantástica de energia, deixou de pesar e abandonou a mortalha sem deformá-la, como objeto especial que passa através dos corpos.

Temos assim dois resultados das pesquisas científicas claramente contraditórios: o dos estudos levados a cabo ao longo de decénios e que culminaram com as comprovações dos cientistas do STURP em 1978, e a prova com o C-14. Serão realmente inconciliáveis? Não o seriam se a figura do Santo Sudário tivesse ficado impressa nele no momento da Ressurreição. E as emissões de radiação provocadas pela ressurreição teriam introduzido nesse caso uma variável importantíssima nos cálculos com o carbono-14: estes teriam partido de um dado inicial errado, o que explicaria a diferença na datação achada pelos laboratórios[32].

Se a ciência pode ou não chegar até esse extremo é uma incógnita que as futuras análises e provas tentarão desfazer. Mas não seria problema nenhum para o homem de fé, que sabe que o próprio Cristo predisse não só a sua Paixão e Morte, mas a sua Ressurreição ao terceiro dia, e que esse fato foi comprovado pelos Apóstolos em sucessivas aparições do Senhor ao longo de quarenta dias, e por mais de quinhentos discípulos.

NOTAS

(1) Jean-Charles Thomas, *Le Linceul de Turin*, Coll. du Laurier, Paris, 1948, p. 5; (2) *Idem*, p. 11; (3) *Idem*, p. 10; (4) Manuela Corsini Ordeig, *El Sudario de Cristo*, Rialp, Madri, 1976, pp. 56-66; (5) Ian Wilson, *O Santo Sudário*, Melhoramentos, São Paulo, 1979, p. 146; (6) Kenneth E. Stevenson e Gary R. Habermas, *A verdade sobre o Sudário*, 2ª ed., Paulinas, São Paulo, 1983, pp. 24-27; (7) Jean-Charles Thomas, *op. cit.*, p. 15; (8) *Idem*, p. 16; (9) Kenneth E. Stevenson e Gary R. Habermas, *op. cit.*, p. 117; (10) John H. Heller, *Report on the Shroud of Turin*. Veja-se a condensação deste livro em *Seleções*, abril de 1984, pp. 129-138; (11) *Pergunte e Responderemos*, nº 278, jan.-fev. de 1985, p. 10; (12) Kenneth E. Stevenson e Gary R. Habermas, *op. cit.*, p. 85; (13) *Idem*, p. 50; (14) Giulio Ricci, *La Santa Sindone*, 2ª ed., Fogli, Verona, 1978, p. 18; (15) Jean-Charles Thomas, *op. cit.*, p. 35; (16) Giulio Ricci, *op. cit.*, p. 18; (17) Jean-Charles Thomas, *op. cit.*, p. 37; (18) Kenneth E. Stevenson e Gary R. Habermas, *op. cit.*, pp. 162--166; (19) Jean-Charles Thomas, *op. cit.*, p. 39; (20) Stevenson e Habermas, *op. cit.*, p. 48; (21) Josemaria Escrivá, *Via Sacra*, Quadrante, São Paulo, 1983, p. 100; (22) São João Paulo II, Carta Apostólica *Salvifici Doloris*, 11-11-1984, Paulinas, São Paulo, 1984, nº 16; (23)

Josemaria Escrivá, *op. cit.*, p. 131; (24) M. S. Tite *et al.*, *Radiocarbon dating of the Shroud of Turin*, in *Nature*, vol. 337, 16 de fevereiro de 1989, pp. 611-615; (25) Francisco Ansón, *Después dei carbono 14. La Sábana Santa*, Palabra, Madri, 1989, pp. 142-143; (26) M. S. Tite *et al.*, *op. cit.*; (27) Francisco Ansón, *op. cit.*, pp. 143--144; (28) *Idem*, p. 152; (29) Entrevista a *30 dias*, junho de 1989, p. 31; (30) T. J. Phillips, *Shroud irradiated with neutrons?*, in *Nature*, vol. 337, 16 de fevereiro de 1989, p. 594; (31) F. Ansón, *ib.*, p. 131; (32) T. J. Phillips, *op. cit.*

Direção geral
Renata Ferlin Sugai

Direção editorial
Hugo Langone

Produção editorial
Juliana Amato
Gabriela Haeitmann
Ronaldo Vasconcelos
Roberto Martins

Capa
Provazi Design

Diagramação
Sérgio Ramalho

ESTE LIVRO ACABOU DE SE IMPRIMIR
A 29 DE ABRIL DE 2024,
EM PAPEL OFFSET 90 g/m².